FICHA CATALOGRÁFICA

(Preparada na Editora)

Frungilo Júnior, Wilson, 1949-

F963v *A Razão, o Amor, o Eterno viver* / Wilson Frungilo Júnior. Araras, SP, IDE, 1ª edição, 2025.

128 p.

ISBN 978-65-86112-89-4

1. Espiritismo 2. Poesia. Poema brasileiro I. Título.

CDD-133.9
- B869.1

Índices para catálogo sistemático:

1. Espiritismo 133.9
2. Poesia. Poema brasileiro B869.1

WILSON
FRUNGILO JR.

A RAZÃO, O AMOR, O ETERNO VIVER

ide

ISBN 978-65-86112-89-4

1ª edição - fevereiro/2025

Conselho Editorial:
Doralice Scanavini Volk
Wilson Frungilo Júnior

Produção e Coordenação:
Jairo Lorenzeti

Revisão:
Mariana Frungilo Paraluppi

Capa:
Samuel Ferrari Carminatti

Diagramação:
Maria Isabel Estéfano Rissi

Parceiro de distribuição:
Instituto Beneficente Boa Nova
Fone: (17) 3531-4444
www.boanova.net
boanova@boanova.net

INSTITUTO DE DIFUSÃO ESPÍRITA - IDE
Rua Emílio Ferreira, 177 - Centro
CEP 13600-092 - Araras/SP - Brasil
Fones (19) 3543-2400 e 3541-5215
CNPJ 44.220.101/0001-43
Inscrição Estadual 182.010.405.118
www.ideeditora.com.br
editorial@ideeditora.com.br

Sumário

1

Saudade

Delirante sentimento a saudade,
padecente anseio abençoado,
em que o presente, o futuro e o passado
tecem a dor que o coração invade.

Almas tolhidas da proximidade,
sofrendo a ausência do ser amado,
peito aflito, o pranto cansado,
até o despontar da realidade,

que afirma eterno o verdadeiro amor,
na Terra, no espaço, seja onde for.
E que a saudade, em nós, por Deus provida,

é o liame unindo almas que se amam,
certas de que o Alto atende os que clamam
se encontrarem um dia na etérea vida.

2

Que energia é essa?

Que energia é essa que nos invade,
sem aviso e por demais comovente,
sem esperarmos, repentinamente,
com incrível toque de suavidade?

Teria se originado na bondade
que tivemos com toda aquela gente,
necessitada de auxílio premente,
por um pronto ato de caridade?

Teria sido também acrescida
por aquela lágrima, agradecida,
de uma criança tão humilde e pura,

na felicidade de poder ver
o sorriso de sua mãe renascer
e beijá-la com tamanha doçura?

3

Esperança

Sentimento imortal é a esperança,
a nos acompanhar na eterna vida,
acalma nossa ansiedade dorida
nos tristes momentos de insegurança.

Porém, o futuro nos afiança,
não obstante nossa alma sofrida,
que, para termos a súplica atendida,
esquadrinha nossa perseverança.

Pois que não basta expectar sem ação.
Por certo, no amparo a um infeliz irmão,
a desfalecer de fome e de dor,

rogando inerme por um alimento
ou trazendo da alma o seu lamento,
venha o amanhã ouvir nosso clamor.

4

Felicidade

Todos procuram a felicidade.
Estaria ela junto à riqueza?
Às escondidas, na maior pobreza?
Na conquista da vã celebridade?

Enrustida na materialidade?
Inútil busca com toda a certeza,
pois, de notável e imensa pureza,
fruto de si própria é a felicidade.

Tampouco é um simples contentamento.
Nem alegria de um mero momento,
mas de perene paz no coração.

Pois a verdadeira felicidade
nasce de atos de pura bondade,
na partilha de amor e compreensão.

5

Prece em ação

Quando, entristecido, estiver em prece,
abra no seu coração um postigo,
e sentirá aproximar-se um amigo,
dando forças a você que padece.

Trazendo na paz, verdadeira messe,
com a sua presença, ali consigo,
braços abertos, verdadeiro abrigo,
vibra na emoção que fortalece.

Foi Jesus quem enviou alma amiga
para que, em seu coração, consiga,
enfim, chegar a uma clara verdade:

De que há mais necessitados lá fora
e de que é chegada oportuna hora
de rezar, praticando a caridade.

6

O amanhã

Por segundos, minutos, horas, anos,
a vida antevê o nosso destino,
observando o atino e o desatino
de nossos hábitos cotidianos.

E o hoje, com poderes soberanos
no orbe de nosso ser peregrino,
no peito, coração inda menino,
para o porvir, estabelece planos.

E o amanhã, de futuro complacente,
aguarda o desenrolar do presente
para nos dispor novo ensinamento.

De bom senso, só nos resta aceitar
que, pelas pegadas do nosso andar,
esse amanhã nos acompanha atento.

7

O que pensar da vida

Ao cismar no que penso sobre a vida
memorei a perfeição da verdade,
Deus, criação, paz, amor, caridade,
rumos novos à alma arrependida.

De orientação tão bem esclarecida,
sei que a vida é, de empenhada bondade,
luminar mestra das leis da vontade,
nos erros e acertos de nossa lida.

A essa tônica que a tudo conduz,
juntei sábios ensinos de Jesus,
base da fé e amor da nossa crença.

E já idoso, no meu sobreviver,
preocupo-me mais em querer saber
o que a lídima vida de mim pensa.

8

Bendita dor benfeitora

A súbita dor que cruzou seu caminho
mostrou-lhe imagens inopinadas,
de almas sofridas, amarguradas,
ansiosas por mãos de auxílio e carinho.

Olvidou, então, seu pranto mesquinho
ao ver tantas faces lacrimejadas,
homens, mulheres, crianças fadadas
a adoecerem tristonhas no ninho.

E, num impulso de grande coragem,
dos que, movidos pelo amor, reagem,
estendeu as mãos, rogando a Jesus:

Ajudai-me, sei que comigo chora,
porque é mais do que chegada a hora
de eu ser mais um a espalhar Vossa luz.

9

Águas puras

Águas limpas, puras, imaculadas
a jorrar da fonte graciosamente,
transvazando-se sempre, humildemente,
a ricos ou pobres, agraciadas.

Seja em taças de cristal ofertadas,
em cuias de madeira, simplesmente,
mesmo com as mãos em concha, somente,
são as águas pelos lábios sugadas.

Igualmente, as palavras de Jesus
a fluírem puras, plenas de luz,
são como as águas, sem necessidade

de que ouro, pedra preciosa ou linho
venham a revestir precioso caminho
de Sua sábia e caridosa verdade.

10

A fotografia

Desistiu de sua impensada intenção
ao mirar sua foto, ainda criança,
um garoto que lhe trouxe à lembrança
seus altos sonhos de realização.

O que pretende fazer, pois então...?
Sempre tivemos ousada pujança,
ensejando lhe mostrar, com voz mansa,
ele próprio, infante, a sua aflição.

Prefere a morte a uma vida heroica?
A fuga a uma caminhada estoica?
Nem se lembrou de perguntar a mim.

Não vamos desistir da nossa vida,
por mais que ela nos resulte sofrida.
Seremos fortes e felizes, sim.

11

A felicidade é infinita

Felicidade não se delimita,
não há parâmetros pra ser medida,
de alegria tamanha é desmedida,
no somatório que a torna infinita.

Não é na matéria que ela gravita,
pois é o coração que lhe dá guarida,
recompensado com amor e vida,
é aí que a felicidade habita.

E cresce em proporção imensurável,
a quem trilha esse caminho infindável,
doando de si mesmo aos sofredores.

Pois a felicidade se origina
do auxílio à criação divina,
amenizando, do próximo, as dores.

12

Jesus em todos

Quando doamos, em nobre ação,
a quem padece de fome o alimento,
a fresca água ao pobre sedento,
a veste necessária à proteção,

afável palavra na aflição,
mão amiga no difícil momento,
ouvido atencioso a um lamento,
abraço fraterno de compreensão,

é a Jesus que estamos atendendo,
pois foi o que Ele esclareceu, dizendo:
Quando acudirem a um meu irmão,

é a mim que acodem, mãos benfeitoras,
pois estarei, nas almas sofredoras,
rogando ali, em sentida oração.

13

Os degraus da vida

Na aspiração, sempre tão almejada,
de que o retorno à vida espiritual
traga-nos distinção celestial,
há que se galgar laboriosa escada,

pela qual, cada degrau, uma jornada,
cada trajeto, um ato fraternal,
cada lance, um afã sacrificial,
necessária essência da escalada.

Porque impossível é vencer sozinho
escarpado e ardiloso caminho,
a não ser com a humildade nas mãos.

Uma estendida a quem nos ilumina
com bálsamos de luz, degrau acima,
e a outra a carrear muitos irmãos.

14

Arrependimento

Dentre todos, o maior sofrimento,
que deixa o coração atormentado,
vontade de reverter o passado,
é, sem dúvida, o arrependimento.

E, diante da dor do ressentimento
do irmão profundamente magoado,
como nulificar tal desagrado,
para banir da alma esse tormento?

Somente com verdadeira humildade,
com cabal olhar, rogando piedade,
nos lábios sincera retratação.

Talvez nem se conquiste o objetivo,
mas, quem sabe, um provável lenitivo,
quiçá, o tão desejado perdão.

15

Um homem do bem

Muito amor pelos da vida curvados,
homem bondoso esse tal Damião.
Viveu a catar lata e papelão
E a ajudar, feliz, os mais precisados.

Vida de momentos abnegados.
Pobre, ouve o rogo de todo irmão,
sem nunca negar-se, mesmo à exaustão,
a atender apelos lacrimejados.

Aos oitenta e três, sorrindo falece,
e, em cortejo aos Céus, é levado em prece,
por ter bem cumprido o seu compromisso.

E ao notar que está sendo festejado;
com cenas de sua vida, homenageado,
humildemente indaga: “Só por isso?”

16

Quem é o mais próximo

Viver o bem nos traz felicidade
que por si nos gera incrível energia
a nos fortalecer a sintonia
com aqueles de grande afinidade.

Também nos traz a oportunidade
de atrair irmão em grande agonia,
a nos rogar, em plena noite fria,
um socorro urgente, por caridade.

Dois momentos de imensa diferença,
ambos a nos exigir benquerença,
ambos a nos exigir dileção.

Mas a Jesus, o próximo a ser amado
naquele momento, como ensinado,
será aquele necessitado irmão.

17

Onde estarão os anjos?

Onde encontrar os anjos benfeitores?
Talvez um ao lado, a todo momento?
Sempre pronto a ouvir meu chamamento?
Amparando-me nos meus dissabores?

A proteger-me aos primeiros clamores,
como se só a mim ficasse atento,
diante dos poucos reveses que enfrento,
enquanto o aguardam reais sofredores?

Por certo, socorre-me no primordial,
nos meus embaraços, no mais crucial,
e parte em auxílio aos mais carentes.

Enfim, se encontrar anjos desejo,
somente os encontrarei, como almejo,
com Jesus, junto aos maiores sofrentes.

18

Viajantes do Universo

Deste Universo, como almas viajantes,
peregrinos somos do firmamento,
desde o passado até este momento,
destino Terra e retornos constantes.

Retornos a irmãos há tempos distantes,
à nossa espera, um só pensamento,
na alma saudosa, olhar atento,
na esperança de nos ver triunfantes

por termos vencido a nossa contenda
contra nós mesmos, do amor seguindo a senda
na bagagem, apenas o coração.

Mãos amigas a todos estendidas,
de mais Alto, vozes agradecidas;
retornou um verdadeiro cristão.

19

Feliz daquele que pouco necessita

Trabalhador no suor do sustento
da mulher e dos filhos, mui amados,
feliz é, seus braços sempre voltados
a socorrer o próximo em sofrimento.

Outro, de ganância a viver sedento,
da ostentação, um triste atormentado,
nas algemas da inveja aprisionado,
a vaidade só lhe causa tormento

O bom homem com pouco se compraz,
o soberbo nunca se satisfaz
e, por quiméricos desejos, se agita.

Para o primeiro, só bem-aventurança,
pois amor e paz lhe é abastança,
enfim, feliz quem pouco necessita.

20

Um grande amigo essa figura

Realmente um grande amigo essa figura,
sempre disposto a atender a um chamado,
em qualquer circunstância ao nosso lado,
um grande companheiro de alma pura.

Grande amor demonstra se, porventura,
vê em nós um semblante preocupado;
cauteloso, aproxima-se calado,
parecendo compreender nossa agrura.

Nos bons momentos, alegria festiva,
alma amiga em fase evolutiva.
Seu nome... Rex, Totó? O que importa?

É nosso irmão pela criação divina
e que, com um simples gesto, o amor ensina
quando nos aguarda, feliz, à porta.

21

Família

Família, benesse da Providência,
almas reunidas pelo nascimento,
estreitos laços em dado momento;
de Deus ato de amor e complacência.

Cada qual a carregar sua essência,
todos desiguais no temperamento,
alguns de leal comprometimento,
outros de embaraçosa convivência.

Ensejo de preciosa relevância,
para exercitarmos a tolerância
e entendermos, com amor e humildade,

que a família existe para aprendermos
que muito mais, muito mais que a nós mesmos,
devemos amar a Humanidade.

22

Caridade e compreensão

Bloqueou-me os passos um indigente,
dei-lhe uns trocados e ficou me olhando;
olhar fixo, acabou me indagando
sobre o porquê de meu olhar complacente.

Vendo o homem a me encarar contente,
perguntei, por minha vez, desde quando
poucas moedas o tornavam tão brando,
como se lhe fossem um grande presente.

– Fico feliz, amigo benfazejo,
quando me olham nos olhos e vejo
mais um a perceber minha existência,

mais um a compreender que sou também,
não obstante meu penar, um alguém...
De Deus filho, numa vida em carência.

23

O amor é eterno

Não proclame não crer na eternidade,
se o amor tão cedo nosso peito alcança.
Desde que nascemos, inda criança,
ele nos supre de luz e bondade.

Como bênção, nossa fragilidade,
a despertar em nós a confiança
no amor dos pais, a emanar segurança,
na ternura que o coração invade.

A seguir, mais afetos no caminho:
parentes, amigos, afável ninho,
esposa amada, filhos adorados.

Deus nos criou para eterna ventura,
não nos ceifando em uma vã sepultura,
e, sim, pra amarmos e sermos amados.

24

Anônimos santos

Alguns nascem na Terra humildemente.
Pobres, deficientes, vivendo a vida;
outros, com a inteligência tolhida,
e, ao nosso olhar, nos parecem sofrentes.

São almas em tarefas ascendentes,
a nos mostrarem enorme fé, nascida
de anterior alegria, vivida
em mundos de amor e paz lá viventes.

Não se vê nelas provas corretivas
nem, muito menos, sinas coercitivas,
mas exemplos, em sublime missão

junto aos que têm uma grande ventura
de com elas conviver com ternura
e aprender a agir com o coração.

25

O perdão

Somos nós, uns dos outros, diferentes.
Nem de ser haveria outra maneira,
pois do tempo se perdem na esteira,
desde quando, por Deus, somos viventes.

Cada qual com os seus juízos tendentes,
muitos perdidos na própria cegueira,
sem saber que nossa lição primeira
é a do perdão a nós todos, carentes.

Cada qual com seu tempo de vivência,
com certeza nos vem à consciência
que desiguais experiências trazem.

Então, só nos resta o verbo perdoar,
como nos legou Jesus ao rogar:
“Pai, perdoa-lhes, não sabem o que fazem”.

26

O medo

Sensação necessária e essencial
diante de uma desventura iminente,
de um perigo em tempo presente,
talvez o alerta de um possível mal.

Reação benéfica e natural
de defesa ou de precaução premente,
sem se aprisionar, por demais temente,
ante qualquer desdita ocasional.

E da morte, temor quase ancestral?
Quem não o sente, de modo crucial?
Só o justo, porque, com sua coragem,

vinda do amor e de mãos operantes,
sempre estendidas a irmãos suplicantes,
crê em seu triunfo na *grande viagem.*

27

A riqueza

Para alguns, os percalços da pobreza;
para poucos, o ouro da fartura.
Sábia divisão, pois que assegura
sustento ao homem, por meio da riqueza.

Quinhão igual pra todos com certeza
traria desarmonia e amargura,
através da escassez ou sinecura,
despojando da alma sua grandeza.

A riqueza deve servir ao bem,
que do trabalho honesto advém
das mãos operosas de cada irmão,

sustentados pelos ricos de agora,
compromissados com Deus nesta hora,
riqueza igualmente é uma provação.

28

Ouvidos de ouvir

Pregadores, amiúde ditamos,
com propriedade, aos nossos ouvintes
normas, regras e demais conseguintes,
e muita fé a irmãos inspiramos.

Firmes, a boas ações exortamos,
racionalmente ou com muitos requintes,
por vezes, educativos acintes,
com gáudio, reflexões despejamos.

Todos atentos, bem assimilando
o que de bom continuamos pregando,
mas que o ouvido nosso pouco assinala,

e nada ouve do que esclarecemos,
nada registra do que discorremos,
mesmo tão perto da boca que fala.

29

A solidão

A sós, imploramos a Deus, em prece,
saúde e paz em nossa caminhada,
momento íntimo, mente elevada,
em que esperança com fé refloresce.

Decisão difícil também carece
de solitude pra ser assentada,
mas que a solidão não seja empregada
como fuga, ou nela a vida fenece.

Falso é que o solitário viver
resulte em tranquilidade e prazer.
Solidão é desassossego e dor.

Se o afeto entre nós de Jesus é o lema,
só encontraremos alegria plena
se com outros convivermos com amor.

30

Tempo voraz

Em cada átimo de nossa vivência,
o presente se transmuda em passado,
e o futuro se aproxima calado,
próximo presente de nossa existência.

Voraz como um raio, dá-nos ciência
de que o tempo do corpo é limitado,
perituro, mortal, é sepultado,
eterna só a alma, nossa essência.

Vivamos, sim, alma imorredoura,
seguindo o nascido na manjedoura,
praticando o bem, por Ele ensinado,

pois, na Terra, quando o prazo expirar,
não teremos nenhum eito a levar,
só a riqueza do amor praticado.

31

Jesus e as crianças pequeninas

Benditos os que a elas se assemelham,
disse Jesus, referindo-se às crianças,
dentre Suas divinas ensinanças,
que tão bem esclarecem e aconselham.

Simplicidade e afeto que espelham
uma infante jornada de esperanças,
fruto é das humildes temperanças,
nas quais dar e receber se parelham.

Nelas choro em riso se transfigura,
mágoa infantil pouco tempo perdura,
vivem a hora, olvidando o pretérito.

Pequeninos, sem orgulho e vaidade,
são exemplos reais de cristandade,
que Jesus considerou de alto mérito.

32

Lágrimas

Quem nunca chorou de farta alegria?
Quem nunca chorou de ingente beleza?
Quem nunca chorou de enorme tristeza?
Quem nunca chorou de vã nostalgia?

Lágrimas a nos trazerem harmonia,
lágrimas de divinal natureza,
lágrimas de sofrida alma indefesa,
lágrimas com o Alto em sintonia,

tranquilizam o coração oprimido,
desafogam a dor e o pranto contido,
e sinceras, puras como uma prece,

tornam a alma serena e confiante
na torrente mansa e desanuviante,
que o coração acalma e fortalece.

33

Não se esqueça

Se sua vida é de paz e mansuetude,
pautada pelos passos de Jesus,
não malgaste o vigor de tanta luz,
vindo a se deleitar em tal quietude.

Faça bom uso dessa magnitude,
pois há os que, com aflitiva cruz,
a evoluir, justa agrura os conduz
na senda da verdade e da virtude.

Ampare-os com carinho e brandura,
dando-lhes mão amiga que assegura
nova esperança, uma nova guarida.

E perceberá do Mestre a presença,
em cada ato, enorme crescença
da plenitude cristã em sua vida.

34

Minha paz vos dou...

A revolta o coração nos inflama
quando o mal gera mundial tristeza,
erros do homem que, em sua vileza,
grande sofrimento a muitos derrama.

E a aquele que por justiça clama,
Jesus já asseverou, de boa clareza,
que a paz na Terra virá, com certeza,
quando o amor for a última alfama.

E que a paz, tão grandemente almejada,
terá de ser por nós mesmos lograda
com a fraternidade do amor profundo,

ao enfatizar aos Seus seguidores,
dos Seus ensinamentos semeadores:
– *Minha paz vos dou, não a paz do mundo.*

35

Mães queridas

Infelizmente, pouco a conheci.
Criança fui do seu seio tomado,
sem tempo de um beijo ou mesmo um agrado,
e que partia, a chorar percebi.

No colo de uma freira adormeci,
minha nova mãe, de amor abençoado,
que me criou e por quem fui amado,
mas de você, mãe, nunca me esqueci.

Hoje sei do seu triste passamento,
levando a dor do arrependimento,
mas pela freira no Além acolhida.

Quando eu me for, irei a Deus orando
que permita me estarem aguardando,
pra me abençoarem, mães de minha vida.

36

Meio caminho andado

Ansioso, a um anjo um velho indagou:
– *Em toda a minha vida, a ninguém fiz mal;*
ao Céu farei jus na viagem final?
E, sorrindo, o bom anjo lhe explanou:

– *Para tanto, a sua inércia lhe bastou,*
bem como o ócio, de maneira igual;
pois responsáveis somos, afinal,
pelas consequências – continuou –

que resultem do bem não praticado...
E ocasiões não lhe tiveram faltado
de socorrer a um infeliz desvalido,

um pão oferecer a um esfomeado,
uma palavra amiga a um desnorteado.
Corra... irmão... atrás do tempo perdido!

37

As sandálias de cada um

Comparemos as sandálias com a vida.
Calçando-as, uns as sentem confortáveis;
a outros, são somente toleráveis,
e a tantos, marcha difícil e sofrida.

Advêm de renovação assumida
em circunstâncias edificáveis,
no vai e vem de retornos incontáveis
da alma elevada ou arrependida.

E a vida neste orbe por Deus traçada,
para o aprendizado a cada jornada,
sandálias são calçadas à sua vez.

Doridas a quem a outro as sujeitou,
suaves a quem uma dor aliviou.
Estas últimas pelo bem que a alma fez.

38

Mãos, instrumentos d'alma

Mãos desiguais a percorrerem a vida,
d'alma extremidades executoras;
do coração, em paz ou sofredoras,
trêmulas na aflição da despedida.

Mãos que dedilham doce melodia,
mãos que laboram, gerando sustento;
mãos suplicantes, rogando alimento;
mãos que acenam saudade e nostalgia.

Mãos unidas em rogativa e prece,
mãos em auxílio àquele que padece;
e que, com carinho, pensam as feridas.

Benditas as que distribuem pão e luz
e acarinham, a exemplo de Jesus,
dos semelhantes as mãos mais sofridas.

39

Quando será?

Ao nascer, iniciamos trajetória
de duração pouca, tempo ignorado
rumo a um regresso talvez inesperado;
na bagagem, apenas a própria história.

Nossa aprendizagem é compulsória,
cada qual com seu viver, empenhado
em remir-se de erros do passado
no percorrer de caminhada inglória.

E, no cerrar da pesada cortina,
no último ato que determina
o desenlace de mais uma existência,

que possamos retornar vencedores
ao acrisolar nossos maus pendores
com paz e amor na nossa consciência.

40

Desígnios ou consequências?

Ao tornarmos em novo nascimento
a este orbe de alegrias e dores,
reflitamos sobre nossos pendores
antes de um equivocado julgamento.

Vimos certamente com um intento,
com fatais compromissos redentores,
do Alto, destinos transformadores,
desígnios ao nosso adiantamento.

E devemos, quando a dor nos invade,
julgá-la com rigorosa acuidade,
utilizando ampla consciência

de que nem sempre a mágoa é nossa sina,
nem sempre é lição que Deus nos destina,
de nossos erros ela é consequência.

41

Deus, o Criador

Nada se perde, e nada é criado,
tudo se transforma, afirma a Ciência.
E tendo essa afirmação como essência,
que força teria o mundo plasmado?

Um fato científico comprovado,
e que a lógica, a razão e a sapiência
confirmam, em sã e justa consciência,
que todo e qualquer efeito é causado.

Seguindo essa asserção demonstrada
de que o homem nada cria do nada,
sua ação é apenas transformadora.

Somente lhe escasseia a humildade
de curvar-se à pura realidade
de que só Deus é fonte criadora.

42

Os piores vícios

Vaidade, vinda da futilidade,
orgulho, ostentado pela arrogância,
egoísmo, sequela da ganância,
soberba, imagem da fatuidade...

são os desvios da maior gravidade
a reter, nas malhas da ignorância,
os que desejam a vã relevância
nas pegadas da letal leviandade.

E, agravando esses vícios mundanos,
abomináveis melindres insanos,
consequências da rusga intolerante.

Que nos livremos, pois, dessas algemas
sendo meros aprendizes apenas,
com complacência ao nosso semelhante.

43

Fé e confiança

Quando alguém se eleva a Deus, suplicante,
por certo atenderá Ele à sua dor,
permitindo a angelical benfeitor
vir em seu auxílio naquele instante.

Mas só a prece ainda não é o bastante,
pois pode-se muito bem pressupor
que é necessário a alma se dispor
a obter o auxílio confortante.

E, pensamento livre de exigência,
com plena aceitação e proficiência
para aceitar a ajuda oferecida,

preciso é confiança e convicção
de que o Pai destina, em piedosa ação,
a melhor senda para a nossa vida.

44

Eficaz atadura

Quando nos causam grande sofrimento,
e a mágoa o coração nos invade,
como lidar com essa hostilidade,
com esse mal, com esse desalento?

Lembremo-nos do excelso ensinamento
de que o perdão é nobre caridade;
e se ainda temos dificuldade,
por que não buscarmos o tratamento?

Bastará a atadura do esquecimento,
envolvendo cicatrizante unguento,
na ferida aberta do coração.

Unguento de amor e muita bondade,
curando a chaga, trazendo liberdade
e, com o tempo, piedade e perdão.

45

Quem sou... Quem serei?

Quem foi que ontem por aqui passou?
Fui eu e não sei o que amanhã serei.
Uma questão da qual nunca olvidei.
De onde vim, para onde vou, quem sou?

Pelo que entendo, a vida já anotou
todo o bem ou o mal que semeei,
consequências que amanhã colherei,
pois toda alma será o que plantou.

Mas urge o tempo de, sem demora,
sanar os erros do hoje, do agora,
em futuras vidas cá nesta Terra.

Novas jornadas que Deus oferece
à alma, para que assim recomece
noutro hoje que Seu amor descerra.

46

Uma única...?

Muitas vezes vagueia o pensamento,
por demais pretensioso dos humanos,
de que uma só vida contada em anos
os levará a um Céu no firmamento.

Para o eterno, uma vida é vil momento
de desacertos, ilusões e enganos,
no ignóbil apego a atos mundanos,
pouco tempo pra tal merecimento.

Imperioso passar por experiências,
só possível com múltiplas vivências,
renascendo em situação adequada

para vencer as errôneas tendências,
fruto das anteriores existências,
e merecer a felícia almejada.

47

Universo infinito

Seria o Universo realmente infinito?
Não o fosse, como estaria limitado?
Num suposto nada localizado?
E esse nada a que estaria restrito?

Fora de nosso alcance um veredito,
sem bases para ser equacionado,
mais uma obra, um princípio insondado
de Deus, nosso Pai, de amor irrestrito.

E, com nosso parecer emproado,
cremos a Terra o único orbe habitado,
tendo o infinito como seu quintal.

Na casa do Pai há muitas moradas,
em infinitas dimensões destinadas
à eterna evolução espiritual.

48

Meditação

Introspecção e relaxamento;
a bem dizer, um exame de consciência,
viagem interior em uma transcendência
sobre si mesmo até aquele momento.

Um encontro consigo, um julgamento
das boas ações, uma diligência
sobre a vida, sobre a própria existência,
se ainda o enternece o bom sentimento.

Seja qual for a conclusão chegada,
a meditação mais dignificada
é a prática do amor ao semelhante,

pois nesse ato de generosidade
é que se encontra a íntima verdade
de que o nosso "eu" sorri triunfante.

49

Do que mais necessitamos

Passamos a vida toda à procura
do metal, conforto e notoriedade,
a provocar-nos doentia ansiedade
sem nos alçarmos à grande ventura.

Pois, nessa busca, nos invade a tortura
do egoísmo, da ganância e vaidade
afastando-nos da felicidade,
e atraindo-nos à dor da amargura.

Não são condenáveis fama e riqueza,
desde que as utilizemos com nobreza
de o bem realizar com muita humildade.

Pois pouco necessitamos da vida:
saúde, trabalho e fé concebida
com amor, despego e fraternidade.

50

Passaporte do bem

Na Terra, os objetivos da vida,
constituir família, filhos amados,
saúde, proteção e bens honrados,
são os motivadores da nossa lida.

Mas fútil fama também nos convida,
com deslumbramento, com seus chamados,
para propósitos malbaratados,
afastando-nos da senda assumida.

Porém, cientes desta breve passagem,
visionando sempre a grande viagem
de retorno à nossa pátria no Além,

amparemos nossos entes queridos,
também os nossos irmãos desvalidos,
chancela do passaporte do bem.

51

Finados

A morte do corpo é um renascimento,
libertando a alma enclausurada,
qual borboleta livre em revoada,
sem o casulo, rumo ao firmamento.

E já com o pleno entendimento
de que o sepulcro não é sua morada,
mas no peito de cada pessoa amada,
é na boa saudade e no pensamento,

no amor dos que aqui ficaram, saudosos,
familiares entre si afetuosos,
que encontra o equilíbrio e a tranquilidade.

E, nesse dia, estejamos onde for,
somemos as nossas preces de amor
com as dos que se encontram em liberdade

52

Competir ou contribuir?

Todos somos almas na nossa essência,
vestindo corpos temporariamente
neste célere e fugidio presente,
vivendo em aprendizado e experiência.

Na prática da caridade e assistência,
junto a Jesus, em caráter ingente,
a todo infeliz que a nós se apresente,
sua necessidade é a nossa premência.

Um estágio para nos redimirmos,
não competirmos, e sim contribuirmos;
disputa fátua é doença mental.

Conforto e progresso são necessários,
mas são nossos passos humanitários
que nos trarão a elevação triunfal.

53

Amor aos inimigos

Comumente o homem não é capaz
de ver num inimigo um semelhante.
Ódio, rejeição, mantém-no distante,
e sua simples lembrança não lhe apraz.

Por certo, esse rancor não lhe dá paz,
e nada o obriga a um ato conciliante,
porém sobre uma vingança aviltante
Jesus nos diz, de maneira eficaz:

Amai o vosso inimigo. Em verdade,
ajudai-o quando em necessidade,
desejai-lhe o bem, ao invés do mal.

Em silêncio, para não humilhá-lo,
irmãos em Deus, um dia irá amá-lo.
No anonimato, a paz providencial.

54

Estejamos atentos

Quando um ser muito querido se ausenta,
resgatado e alforriado desta vida,
legando-nos a saudade incontida,
no peito uma dor que nos atormenta,

um sofrimento que nos desalenta
na prevista ou inesperada partida,
nossa alma se entristece, arrependida,
por ter vivido alheia e desatenta.

Sim, poderíamos tê-lo mais amado,
elogios e mais abraços dado,
palavra amiga, um ar de gratidão,

um passeio, uma conversa fiada,
um beijo, uma bênção, muita risada,
termos doado mais o coração.

55

Vida escola

Deus, com amor e doce complacência,
concede-nos novo renascimento,
novas vidas, pra darmos seguimento
a oportunidades de revivência.

Mas depende de nossa proficiência,
do esforço próprio no comedimento,
confiança em Jesus no ensinamento
do amor ao próximo na sua essência.

E, para vencermos a iniquidade,
livrando-nos do estro da maldade,
ainda latente em nosso eu pecante,

a cada vida, novo aprendizado,
em toda vitória, um bem conquistado
para uma alma mais leve e triunfante.

56

Alerta

Dos primórdios tempos à atualidade,
homo sapiens de longínquo passado,
de intelecto ainda aprisionado
pelos meandros de vã laicidade,

imagina conhecer a verdade,
crê possuir saber ilimitado
e resume a vida em um só predicado,
com posturas de superioridade.

Bastaria da Eternidade o enigma,
para o qual inda não há paradigma,
pois sem início, muito menos final,

contido num Universo infindável,
também é obra de Deus, inexplicável.
Cuidemos da alma, também imortal.

57

Queixas

De queixas somos fiéis emissores,
gerando tristeza e melancolia,
sem atinarmos que a pura alegria
é o antídoto para as nossas dores.

Vivemos à cata de dissabores,
de fatos tristes como companhia,
que a mente transforma em agonia,
tornando-nos eternos sofredores.

Será mesmo que, ao invés de sofrer,
não teríamos que a Deus agradecer
pelos momentos de alegre magia?

Olvidemos, pois, o tempo sofrido,
com fé no futuro a ser vivido...
Bom pensamento traz paz e harmonia.

58

A senha

Para nós, a senha mais relevante
não é a que de segredo necessita;
sem ser secreta, já nos habilita
a abrir portas de uma vida triunfante.

Divulguemo-la de modo incessante,
senha celeste de dádiva infinita,
não são caracteres que se digita,
mas, sim, ações de amor ao semelhante.

Com características de altruísmo,
as primeiras coibindo o egoísmo,
o orgulho, a soberba e a tola vaidade,

incorporando o amor, a compreensão,
a paciência, a caridade e o perdão,
senha dos Céus e da felicidade.

59

Natal

Época de festejos, é Natal:
Papai Noel, permuta de presentes,
família reunida, todos contentes,
irmanados em festa fraternal.

Talvez, a presença providencial
do presépio, com ensinos pungentes,
a lembrar José e Maria carentes,
manjedoura, signo tradicional,

denotando, de Jesus, a humildade,
rogando-nos amor, fraternidade,
para os que, na palha, com frio e fome,

sofrem com o desdém e o isolamento.
Que este Natal nos toque o sentimento,
levando-lhes a esperança em Seu nome.

60

Ano Novo

Dia consagrado ao prometimento,
que não é cumprido, disso sabemos;
protelado, o compromisso rompemos,
mas se o que nos falta é um encorajamento...

quem sabe, na alma, um ajustamento;
pelo menos, conosco pactuemos
e nessa promessa nos esforcemos
em permutar, no nosso sentimento,

a vaidade pela simplicidade,
o nosso orgulho pela humildade,
a sofrida mágoa pelo perdão,

a vil ganância pela caridade,
ciúme e inveja pela fraternidade.
Enfim, novo ano, novo coração.

61

Por que não hoje?

Por que não tentarmos hoje... agora...
uma nova e marcante experiência,
que nos trará enorme paz na consciência,
e o desabrochar de serena aurora?

Virar do avesso nosso “eu” de outrora,
dos nossos defeitos abstinência,
banir nosso egoísmo na sua essência,
orgulho, soberba... daí afora.

Habituarmo-nos a ser mais afáveis
compreensivos, atenciosos, amáveis,
sorridentes, gentis e caridosos.

Como resultado, a serenidade,
o bem-estar, a saúde e a verdade
de que os brandos serão vitoriosos.

62

Por que fácil?

Diante de uma grande necessidade
que nos aflige o coração e a mente,
tenhamos empenho e, possivelmente,
venceremos toda a dificuldade.

Talvez não se cumpra a nossa vontade,
e não consigamos exatamente
o que desejávamos ardentemente,
por simples razões da causalidade,

mas por mais difícil que esteja sendo,
e que estejamos com isso sofrendo,
é mais um ensinamento abençoado.

A ser vivenciado com destemor,
pois, se não for difícil... e fácil for,
que valor terá o aprendizado?

63

Sinceridade

Sinceridade é uma grande virtude,
se praticada com amor e lisura,
pois a boa experiência nos assegura
de que há limites pra franqueza rude.

Se desmedida, infeliz atitude;
se inconveniente, a denotar censura,
nada auxilia e só traz desventura;
ao menos, insalutífera inquietude.

Usar, sim, conosco, a sinceridade,
com brio, sem temer nossa real verdade,
libertarmo-nos da maledicência,

de nossos próprios erros e deslizes,
e sermos mais brandos com os infelizes.
Por vezes, o silêncio é benevolência.

64

Olhos d'alma

Nossos olhos veem o que está à frente,
sempre a julgarem nossos semelhantes,
sem nos avaliarmos por uns instantes
com os olhos d'alma, profundamente.

Pois, se ajuizássemos a nós somente,
sem orgulho e vaidade atenuantes,
no espelho de nossos erros constantes,
nosso juízo seria diferente.

Mas como somos ainda imperfeitos,
noutros vemos nossos próprios defeitos,
também a nossa própria prepotência.

E, antes de qualquer infeliz censura,
cultivemos em nós nova postura
de amor, de exemplos e de indulgência.

65

Da mostarda, o grão, a semente

Parábola de Jesus, contundente,
que nos remete a uma outra ensinança,
a despertar em nós nova pujança,
é a da mostarda, seu grão, sua semente.

Que, bem diminuta e humildemente,
gera flores, carpos em abastança,
e poderemos, à sua semelhança,
ser também úteis condignamente.

Basta-nos a persistência e a coragem,
para sermos da bondade a ramagem
que, ao vento, propala a fraternidade,

origem dos frutos da real bonança,
tronco inquebrantável da esperança,
com raízes na crística verdade.

66

A coragem

A mais bela e verdadeira coragem
não é a vida enfrentar com feridade,
mas vivê-la com a mais pura verdade
a de que aqui é só uma passagem.

E lembrarmos de Jesus a mensagem
que prega a imperiosa necessidade
de caminharmos com serenidade
para o destemor desta curta viagem.

Enfim, coragem de amar e perdoar,
de arrepender-se e recomeçar,
de reconfortar, calar-se e ouvir,

de amparar, respeitar e compreender
as lágrimas do irmão a sofrer,
promessa nossa de a Jesus servir.

67

Haja o que houver

Haja o que houver, muita serenidade,
pois a resolução mais acertada,
nos difíceis embates da jornada,
carece da imperiosa sobriedade.

Nos átimos de maior gravidade,
evitemos a ação precipitada,
a fácies da lamúria atormentada,
o soçobro ante a temeridade.

Consideremos, sim, esse o momento
de exercitarmos o comedimento
e de seguirmos em paz e confiantes,

vencendo os empeços com o coração
voltado ao bem, com a convicção
de que a fé e o amor nos tornam triunfantes.

68

Como um livro...

Faça de sua vida uma história afável
como um livro de harmoniosa leitura,
com episódios de muita ternura,
de final proveitoso e admirável.

Num roteiro fraterno e memorável,
dissabores perdoados com brandura,
desacertos tratados com lisura,
motivarão enredo inolvidável.

Ao próximo, respeito e caridade,
complacência, amparo e humildade,
exemplos, como forma de ensinança,

tecerão páginas comovedoras
de ações elevadas e benfeitoras;
enfim, uma vida de boa lembrança.

69

Nem a vestimenta

Como astronautas aqui de passagem,
comparação deveras apropriada
para entendermos a curta jornada
desta aventura, como aprendizagem,

será este corpo da alma equipagem,
simples vestimenta a ser descartada;
para cada um, data inesperada
ou a depender do estado da "roupagem".

Daqui não levamos amostra alguma,
nada material, riqueza nenhuma,
só a consciência do mal ou do bem

praticados nessa nossa vivência,
a definir a próxima experiência
aqui ou em outros mundos no Além.

70

Sucessos e fracassos

Nesta vivência, tudo é aprendizado;
cada vinda é uma aula necessária,
pela vida mentora e solidária,
que nos tem encaminhado e amparado.

Dedicada, tem nos observado,
na atual experiência estagiária,
nossa caminhada ainda precária
neste orbe, onde nos tem ofertado

ensinos e provas aos nossos passos
de sucessos ou mesmo de fracassos,
atenta à indispensável confiança,

se não nos perdemos pela vaidade,
se no sucesso vige a humildade,
e se no fracasso, a perseverança.

71

Simplificar para ser feliz

São muitas as aflições sem contextura
a nos saquear o tempo presente,
antecipando as angústias na mente,
na pressurosa cobiça imatura.

Dos bens terrestres visando a fartura,
num tempo perdido, drasticamente,
a vida se esvai, de modo inclemente,
na ânsia material que nos enclausura.

Simplifiquemos nossa caminhada,
livremo-nos da cobiça açodada,
usufruindo a paz e a liberdade.

Doemos tempo aos entes amados,
auxílio e atenção aos necessitados...
enfim... felizes com a simplicidade.

72

Recomeçar do zero

Estou no dia zero, o resto é passado –
– confessou-me alguém com muita firmeza,
tímido sorriso, olhar de certeza,
e continuou um tanto encabulado:

Decidi, após muito ter pensado,
sinceramente, com muita franqueza,
melhorar minha dura natureza
pelas decepções que tenho causado.

E, com voz trêmula, mas confiante,
firmou a decisão levar adiante,
pois, a tempo, compreendeu que a doçura,

a fraternidade bem exercida,
o amor e o carinho, no andar da vida,
podem resgatar dos seus a ternura.

73

Mar de pensamentos

Imersos em um mar de pensamentos,
no qual substâncias mentais atraímos,
que se somam também às que espargimos,
necessário é que vivamos atentos.

Sim, porque em todos os nossos momentos,
alegres ou tristes, sempre haurimos
fluidos outros com os quais nos nutrimos,
em nossas alegrias ou sofrimentos.

Ao absorvermos corpúsculos mentais
que com os nossos se assemelham mais,
sentimentos irão se agigantear.

Evitemos, portanto, a amargura,
caminhemos com fé, crença e brandura,
só a haurir ou a insuflar o bem nesse mar.

74

Religião e ação

Na vida, a religião é essencial
para seguir o bem que ilumina,
através da oração que predestina
atos de caridade fraternal.

Religião vem de língua ancestral,
religar-se a Deus é a que se destina,
em verdade, pela ação mais divina,
mais no agir que no culto presencial.

Porque, lá fora, a doença é lamento,
dói a fome, sem nenhum alimento,
e a incúria fere a alma e o coração.

E choram mais ao ouvirem a alegria
de nossos cantos em feliz sintonia,
sem lembrarmo-nos da dor de um irmão.

75

Os nossos milagres

Milagres, dificilmente os faremos,
não daremos vida a um corpo finado,
nem movimento a um incapacitado,
mas dádivas outras nós podemos.

E muito menos aguardar devemos
que nos suplique um desventurado,
nem mesmo por um seu grito ou chamado,
mas, sim, que a esse irmão nós procuremos.

Poderemos curá-lo da descrença,
fazê-lo com que a si mesmo vença
com o nosso apoio e perseverança.

Então, nosso ato será milagreiro,
se o acudirmos com amor verdadeiro,
devolvendo-lhe a fé e a esperança.

76

Disfarce infeliz

Disfarce algum terá justa eficiência,
talvez uma maquiagem fugaz
que, como todas, logo se desfaz,
esta pelo alto preço da consciência.

E, iludidos nessa falsa aparência,
fantasiamo-nos, de modo sagaz,
em falsa veste do bem e da paz,
meros usuários da prepotência.

Ganância, poder, cobiça e desmando,
tolas ilusões nos ludibriando,
existência perdida, mal vivida,

até a morte nos levar tristemente,
em cada face, a verdade aparente,
máscara caída, alma despida.

77

A lei divina

A lei de Deus, divina ou natural,
passo certo para a felicidade,
é a que encerra incomparável verdade
no Universo material e moral.

Para os homens de bem, ela é cabal,
e a vão descobrindo na caridade,
pois dela provém a fraternidade
do irmão Jesus no ensino divinal.

Lei, implantada na nossa consciência,
estamos sempre a permutar sua essência
com as que regem a da corporal vida.

No afã de servir à tola ilusão,
banimos o afeto do coração,
falsos profetas que a ambição convida.

78

Rara virtude

A mais plena, bela e rara virtude
de pessoal sacrifício no bem,
a nos surpreender ao vermos alguém
que, naturalmente, em sã atitude,

em condescendente solicitude,
com desapego, de si se abstém
do muito, ou mesmo do pouco, que tem
no auxílio a um irmão em vicissitude.

Que essa estranheza nos tenha bastado
para um ponto de vista elevado
de que há anjos ao nosso redor,

praticando o bem sem ostentação,
com felicidade na boa ação,
com exemplos para um mundo melhor.

79

Alguém nos espera

Sempre haverá alguém à nossa espera...
Talvez sem nos conhecer, mas em prece,
roga a Deus auxílio, porque carece
de uma alma caridosa e sincera

que o livre da dor, e ainda assevera
que a esperança no peito permanece
com a oração que muito o fortalece,
na certeza da fé que a dor supera.

Estejamos, pois, sempre diligentes
aos que, ao nosso derredor, padecentes,
sua oração os aproxima de nós.

Seja um amigo ou um desconhecido
que nos toque a alma ao termos ouvido,
da alma sofrida, a íntima voz.

80

Os da vida sábios

Nas áreas de filosofia e ciência,
encontram-se do progresso os doutores
verendos e doutos conhecedores
do raciocínio probo da experiência.

Muitos são venturosos, na vivência
do real caminho dos benfeitores,
através da humildade e dos pendores
na prática do bem, na sua essência.

Isso porque são os humildes somente
que possuem a sapiência latente
e a alegria de terem compreendido

que o mestre Jesus tivera o cuidado,
de aos mais simples Suas leis ter revelado;
enfim... de os humildes ter escolhido.

81

Lauréis... Por quê?

Virtude é não esperar homenagem,
nenhum laurel após o desenlace,
se a um plano elevado alguém chegasse,
talvez boas-vindas depois da viagem.

Isso porque, na íntima bagagem,
não haveria o que justificasse,
nenhum quesito que ultrapassasse
a humildade, senha da boa passagem.

O humilde de aplausos não necessita,
porque a modéstia já lhe é uma conquista,
e tem a consciência de que, em verdade,

por todo o bem que tenha praticado,
bem mais poderia ter se esforçado.
Desse juízo vem a felicidade.

82

Já estaríamos prontos?

Viagem a passeio, enorme alegria,
seja a trabalho ou por outro motivo,
requer atenção e preparativo,
muitos cuidados de alta valia.

E, se a viagem for sem companhia,
sozinhos, de teor imperativo,
da vida um regresso impositivo,
partida precoce ou mesmo tardia,

estaríamos adrede preparados,
compromissos com o Bem coroados,
tranquilos com a nossa própria consciência?

Os nossos desafetos, perdoados;
nossos desregramentos, reparados,
no Além prontos para nova vivência?

83

Cristã lição para a felicidade

É sabido, e temos disso ciência,
que os de poder e de bens detentores,
somente a desfrutar seus esplendores
sem a prática da beneficência,

de arcar terão, na próxima existência,
com sábios meios esclarecedores,
no aprendizado de nobres valores
em mais uma vida de experiência,

na pobreza, como viveu Jesus,
na humilde vestimenta a que faz jus,
no admirável poder da humildade.

Pois quem se rebaixa será elevado;
quem se eleva será rebaixado;
lição cristã para a felicidade.

84

Pela razão

Do orgulho e soberba, temos o vício
de negar o que a visão não retrata,
como Tomé que, e a Bíblia relata,
só creu ao ver as marcas do suplício.

Mas Jesus trouxe o ensino propício
para abrir nossa visão que refrata
a tão necessária fé, que aquilata
o uso da mente e o exercício

da inteligência, do bom raciocínio,
para obtermos o próprio domínio
da vida, por nossa íntima vontade.

Por que seguirmos a fé compulsada,
e não a conclusão raciocinada,
se Deus permite a busca da verdade?

85

A perene verdade

A verdade de modo algum fenece,
e mesmo que por muitos camuflada
no mesquinho interesse da jornada,
intocável seu âmago permanece.

Até o pensar religioso padece,
na crença vilmente adulterada,
através da gança desenfreada
ou do poderio que entorpece.

Condenação a eterno sofrimento,
vinda a este mundo em padecimento,
ao acaso, em parcial desigualdade?

Lembremo-nos de que Deus é amor,
justo, caridoso e educador.
Um dia, prevalecerá a verdade.

86

O progresso

Da Terra o progresso é inevitável,
cada descoberta um avanço da Ciência,
o homem utilizando a inteligência,
sempre em busca do inimaginável.

Também um adiantamento louvável
já se faz presente na consciência
da alma humana em constante ascendência,
prenúncio de Jesus, insofismável.

Leis futuras que aos poucos se concebe,
lentas mudanças que já se apercebe
eclodirem serenas e radiantes,

valorizando o amor universal,
com o bem a triunfar sobre o mal,
e a benquerença entre os semelhantes.

87

Espelho interior

No espelho, nossa física aparência,
que o frio e o argênteo vidro nos retrata,
não nos salienta a visão exata
da imagem de nossa íntima essência.

O que mais reflete a nossa consciência,
que o espéculo do nosso "eu" constata,
é o que advém, ou não, da alma grata
pela medida da nossa indulgência.

E nossa imagem, no espelho da vida,
será a de nossa alma refletida
em como avaliamos um frágil irmão.

Pois que muitas faltas por nós julgadas,
penosa e severamente ajuizadas,
habitam nosso próprio coração.

88

O verbo

Verbo, hábil controlador da vida,
através da palavra induzidora,
de sutileza transfiguradora,
a gerar, se bem ou mal conduzida,

paz e esperança à alma sofrida
ou mais desgosto e dor à sofredora.
E nos cabe, em ação auxiliadora,
usar o verbo de forma medida,

para que seja ele harmonioso
no amparo fraterno e caridoso,
reerguendo irmãos à margem da verdade.

Que a nossa palavra o bendiga
e que lhe seja carinhosa e amiga,
plena de amor e de fraternidade.

89

Mea-culpa

É comum, diante de nossos fracassos,
por vergonha, orgulho ou mesmo vaidade,
fazermos uso de uma necedade
para dirimir nossos embaraços.

E nos eximimos, por falsos passos,
da nossa própria culpabilidade,
remetendo a responsabilidade
ao azar, má sorte ou prazos escassos.

Por vezes, envolvemos inocentes
nesses nossos atos inconsequentes,
na enganosa fuga, no desatino.

Devemos assumir nossos enganos,
nossos erros e descuidos mundanos,
pois, em nossas mãos, o nosso destino.

90

Silêncio e respeito

Saber ouvir é sinal de respeito
aos que veem, com outros olhos, o mundo,
que não os nossos, de olhar profundo
como cremos em privado conceito.

Mesmo sem concordar com o preceito,
ouçamo-lo, sim, a cada segundo,
só depois a nossa opinião a fundo,
de maneira humilde e de bom proveito.

Sem críticas ou mesmo desmentidos,
explanemos, sem juízos descabidos,
nossas ideias, nosso pensamento.

Não discutamos, tenhamos a brandura,
um exemplo de respeito e lisura,
silêncio e paz é o melhor argumento.

91

Inteligência e coração

Deus nos dotou de eficaz talento
no coração e na inteligência,
para perpetuarmos a consciência
de paz e amor no nosso pensamento.

E haverá de chegar o chamamento
de aceitarmos a sábia evidência
de que a Divina Verdade e a Ciência
terão de andar juntas nesse momento,

unindo-se de forma natural,
no progresso material e moral,
rumo à fraternidade redentora.

Intelecto aceitando o Criador;
no coração, o fraternal amor,
junto a Jesus na missão ascensora.

92

Marcando a vida

Viver é apor boa marca na vida,
marca indelével de alegria eterna,
que somente à nossa alma concerna
a maior riqueza a nós concedida

pela mão que acena, agradecida,
palma aberta, verdadeira luzerna
a nos iluminar, doce e fraterna,
abençoando-nos na despedida.

Vivamos a servir piedosamente,
a todo aquele que, humildemente,
solicita nosso amparo e atenção.

Essa é a boa marca com a qual se conquista
felicidade, a se perder de vista,
ao compreender o valor da boa ação.

93

Deus perdoa, mas...

Até da vida, no último instante,
afirma um religioso pensador,
pode uma criatura, com fervor,
rogar a Deus, aos prantos, suplicante,

perdão pela vida errônea e pecante
e ver atendido esse seu clamor,
por Ele, nosso pai e provedor,
estendendo as mãos ao filho agoniante.

Mas... somente o perdão não é suficiente,
vital é saldar dívida pendente,
e todo delito ser permutado

por atos de amor e de grande apreço;
para o perdão, um outro recomeço,
em novo caminho compromissado.

94

Vestindo a pele

Não é raro ficar observando
uma pessoa que na rua transita
cabisbaixa, agoniada, constrita,
a minha imaginação perguntando:

Que aflições a estariam preocupando?
Qual a origem de tamanha desdita,
sem disfarçar e tão bem percebida?
E acerco-me, lentamente, pensando:

Fosse comigo, como eu estaria?
E assim venho tentando, na teoria,
vestir a pele desses sofredores,

para senti-la e compreendê-los mais,
levianamente julgá-los jamais.
E o correto: – *Ei! Quais são as suas dores?!*

95

Felicidade em qualquer situação

Deus almeja que sejamos felizes,
mesmo nas dificuldades da vida,
sendo que o amor nos acena e convida
para sermos de Jesus aprendizes.

No caminho, óbices e vernizes,
no intento de nos desviar da lida,
mas teremos resistência renhida
com mãos do Céu pensando as cicatrizes.

Conquistemos a força na humildade,
para afugentar o orgulho e a vaidade,
e as portas da paz se nos abrirão

com luzes da verdadeira alegria,
que advém desse amor e da harmonia,
felicidade em qualquer situação.

96

A sabedoria e a dúvida

Tão só saber não é sabedoria,
pois o saber, mero conhecimento,
adquire-se com bom ensinamento,
através da fria e pronta teoria.

Por isso, a dúvida mais a ousadia,
para se alcançar um entendimento
sem aceitar um forçado argumento,
buscam o raciocínio e a analogia.

Sabedoria também é ter ciência
de que pouco sabemos, na essência,
das verdades mais belas e elevadas.

Deus deseja que, por livre vontade,
sejamos cristãos de fé e verdade,
pelas razões mais sábias e arrazoadas.

97

O Deus verdadeiro

Deus criou o Universo e toda a existência,
inclusive o homem, alma movente,
em um corpo material e morrente,
no aprendizado do amor, em ambiência.

Incutiu nesse ser a consciência,
a vontade de evoluir moralmente,
e enviou Jesus a espalhar a semente
de ensino dessa moral ascendência.

E, ao retornar ao mundo espiritual,
após a morte do corpo carnal,
que a alma culpada tenha ciência

de que Deus Pai é justo e compassivo,
sem ira, e muito menos vingativo
como O moldaram por conveniência.

98

A volta

Dona Maria, não se sabe das quantas,
de aniversário, bem mais de noventa,
rua qualquer, duzentos e quarenta,
pele envelhecida, de rugas tantas,

faz uma prece defronte às santas,
todas que o velho criado-mudo ostenta;
do mundo esquecida, já sonolenta,
deita-se, atenta, debaixo das mantas.

É quando percebe, a pouca distância,
delicada voz e suave fragrância,
que, amorosa, ao seus ouvidos lhe fala:

– *venha menina, que o tempo avança;*
e, sentindo-se quase uma criança,
vê a mãe que, de volta, veio buscá-la.

99

O passado e o futuro

Vindo de muitas já vividas vidas,
ao nos depararmos com a maldade,
fácil presumir, com viabilidade,
nosso passado em vidas descabidas

e, após tentativas enternecidas,
sublimes almas de amor e bondade
conseguiram, enfim, nossa liberdade
das imperfeições por nós cometidas.

Porém, até então, não foi o bastante,
pois nosso amor ainda é inconstante;
mas, ao virmos alguém, coração puro,

e lhe seguirmos os passos no bem,
na certa, conquistaremos também
alegria e paz em nosso futuro.

100

O que desejamos tanto?

O que desejamos tanto, afinal?
Por que tanto orgulho, tanta disputa?
Por que tanta vaidade, tanta luta?
Por que a opulência sobre um pedestal?

Já sabemos o que é o bem e o que é o mal,
e que só se tem a paz absoluta
aquele que sua soberba refuta,
vivendo na humildade fraternal.

Cientes de que o pior mal é o egoísmo,
vistamos coragem, brio e heroísmo
contra esse mal que cerceia a caridade

da alma, virtude mais efetiva,
a nos levar, triunfante e condutiva,
aos páramos da real felicidade.

101

Não somos bons

Não somos bons, talvez inofensivos
ou mesmo venhamos a ser afáveis,
quem sabe criaturas amigáveis,
quando muito, por vezes, compassivos...

Pois ser bom requer atos expressivos
de suor e sacrifícios memoráveis
de amor aos desditosos incontáveis,
que, de esgares e olhares reflexivos,

suplicam deferência e compaixão,
empatia, afeto e compreensão,
perdão, um olhar amigo, humildade.

Ser bom é o desapego do sobejo,
doar de si em ato benfazejo
de alegria, amor e fraternidade.

102

Pari passu

Andam *pari passu* a alegria e a dor,
com cada um de nós, a todo o instante,
revezando-nos com um semelhante
no papel de vítima ou causador,

às vezes, por simples ato censor,
inoportuna crítica humilhante,
ao invés de uma opinião edificante
ou mesmo um elogio encorajador.

Em suma, somos todos responsáveis
pelos pontos de vista influenciáveis,
a ganho ou perda num tempo vindouro,

por força de um apego à nossa ascendência
de quem nos ouviu... portanto, prudência,
pois, no falar, zelo e amor valem ouro.

103

Quem será o mais louco?

– *O senhor me parece um pouco chateado...* –
disse o velhote tido como "insano",
das ruas morador já veterano.
– *E acertou, meu amigo "amalucado"* –

afirmou o doutor advogado.
– *O custo de vida está desumano.*
– *Com uma bela casa e carro do ano?* –
perguntou o "maluco", atabalhoado.

– *Sei que de comida é cheia a sua mesa*
e que nunca conheceu a pobreza,
e eu? Sou alegre e feliz com tão pouco...

E o doutor, caindo na realidade,
ao ver na humildade a felicidade,
disse: – *Você é normal, eu que sou louco!*

104

O poder

O poder faz parte de nossa vida,
e o possuímos com toda a certeza.
Força ativa da própria natureza,
do pensar e agir, por Deus concedida.

Ação da vontade em nós nascida,
para evoluirmos em paz e grandeza,
do bom coração fiel fortaleza,
promissão por todos nós esquecida,

pois o orgulho, o egoísmo e a vaidade
saquearam do poder a dignidade,
com a ignomínia da vil prepotência.

Que as nossas atitudes, doravante,
sejam de puro amor ao semelhante,
com o crístico poder da consciência.

105

Artistas da vida

Sejamos da vida um feliz artista,
apreciando-a em escala cromática,
seus sons e suas cores, alma extática,
como um pintor ou exímio musicista.

Basta-nos somente o dom altruísta
e, como um virtuose, treino e prática,
exercício diário, usando a tática
da obstinação em busca da conquista.

Gentileza, bondade e humildade,
amor ao próximo e fraternidade,
são os pincéis e sons da arte divina.

Quanto mais os praticarmos na vida,
Mais merecida paz será sentida
na constante prática que ilumina.

106

Não há perda

Se perdeste alguém por demais querido,
pelas brumas da morte, sem presciência,
ato inesperado, sem advertência,
ou aguardada, por tempo cumprido,

conforta-te, sim, por terem vivido
momentos de amorável coexistência,
num cândido entrelaço da existência
que não se rompe num mero cindido.

E anima-te, pois, com a plena confiança
de que o amor pelo tempo e espaço afiança
o reencontro de almas, mente a mente,

e de que a boa lembrança acrescenta
infindável energia, que sustenta
e conforta a saudade que se sente.

107

Aquele que ama

Quem ama atende sem exigência;
com sacrifício, de si renuncia
em favor de outrem, com alegria;
sanar a dor alheia é sua premência.

Sempre pronto a auxiliar com diligência,
o perdão é fruto de sua empatia,
tal qual sua palavra a dor alivia,
transmitindo o bem com benevolência.

Com silente lágrima disfarçada,
na facies sorridente camuflada,
a cintilar boa vontade e brandura,

esse é aquele que realmente ama,
que não permite que se apague a chama
da paz cristã, com amor e ternura.

108

Agradecer sempre

Momentos de muita dificuldade
em nossa vida, em nosso passado,
vencemos por termos nos superado
com fé, com amor, com dignidade.

Em outros, faltou-nos a sobriedade
para compreendermos o resultado
tão discordante, tão inesperado,
até descobrirmos que, na verdade,

também aprendemos com o insucesso
e que a perseverança no bem é acesso
a novos campos do conhecimento,

lembrando-nos de a Deus agradecer
pela ventura de vir a saber
que o Pai no sustenta a todo momento.

109

A insciência e a inteligência

Nas doutrinas da religiosidade,
existe a insciência ou a inteligência.
Insciência ao aceitar dogmas sem a consciência
de que a fé raciocinada, em verdade,

não é a de cultuar a divindade,
mas a de se ponderar com sapiência
para termos a devida ciência
de que temos todos a faculdade

de questionarmos a fé adormecida,
de crermos num Deus que nos gerou a vida,
e não num falseado pelos humanos,

moldado nos interesses pessoais,
idolatrado por meros rituais,
menosprezando os ensinos cristianos.

110

Não percamos tempo

Não percamos tempo com regalias
ou mesmo com vulgares tentações,
passemos ao largo das ilusões,
à distância de ostentações doentias.

Que os segundos nos sejam de alegrias,
minutos de gratas realizações,
horas de compassivas afeições,
benfazejos sejam os nossos dias.

Dias que, no curso da eternidade,
pouco significarão, em verdade,
se permanecermos estagnados,

se os vivermos alheios e ausentes
dos nossos compromissos mais prementes
com Deus, no auxílio aos necessitados.

111

O amor materno e o Alzheimer

(fato verídico e pessoal)

Momentos de grata e feliz lembrança
que me vêm à memória neste instante,
de longo tempo, já muito distante,
de pedir a bênção desde criança

aos meus pais, nessa bem-aventurança,
simples ato, para eles tocante,
nem supunha ser-lhes tão importante;
sem meu pai, ficou mamãe com essa herança.

Adulto, eu não perdia a oportunidade
de rogar-lhe a bênção, com lenidade,
mesmo ao me tornar-lhe um desconhecido.

De mim não mais tinha recordação,
mas exclamava ao beijar-lhe a mão:
"– Que Deus o abençoe, meu filho querido".

112

Pontuações da vida

Não há *ponto final* na eternidade,
mas *vírgulas,* em novo chamamento,
a nos ensejar, em algum momento,
nova chance, nova oportunidade.

Interrogação? Sem necessidade,
pois Jesus nos legou o ensinamento
dois pontos: diante da dor, do lamento,
sem *ponto e vírgula,* a caridade.

Com desvelo, alma compadecida,
a um irmão nossa mão sempre estendida,
a socorrê-lo com amor fraterno.

Como paga, sentida *exclamação,*
agradecido pela compaixão,
sem *reticências* no amor que é eterno.

113

Instintos

Por Deus trazidos à vida, na essência,
seres inda simples e ignorantes,
de pouca razão, instintos atuantes
na disputa pela sobrevivência,

viemos acumulando na consciência
egoísticas tendências aviltantes,
no anseio de poderes inebriantes,
causando-nos íntima penitência.

Apuremos, pois, nosso coração,
com o verdadeiro amor e a razão
cristianizando-nos o pensamento,

almo caminho seguro e eficiente,
para que nosso instinto, prontamente,
venha atender ao alheio sofrimento.

114

Como as nuvens

Nuvens fugazes, sombras saudáveis,
se espessas, chuvas beneficiadoras,
de plúmbea coloração, destruidoras,
naturais, efeitos inevitáveis.

Como as nuvens, palavras são instáveis:
tranquilas, bondosas, consoladoras
ou rudes, maldosas e arruinadoras,
mas, se de amor, efeitos memoráveis.

Saber, pois, usá-las com mansidão,
humildade, carinho e compreensão,
será como chuva de amor que acalma,

proveniente de nuvens compassivas,
vindas do coração, sempre afetivas,
levando paz ao irmão e à nossa alma.

115

Sorriso

Viva imagem da personalidade,
é o sorriso, de poder eloquente,
de nosso âmago, transmissivo agente
no fraterno exercício da bondade.

Sorriso fraternal, com humildade,
amável, caridoso e complacente,
a emoldurar fala benevolente
de fé, esperança e dignidade,

a serviço do Alto, a todo instante,
tornando-se uma prática constante,
que o coração apazigua e acalma

de um irmão carecido e necessitado
de um simples olhar a ele voltado,
que agradece, enlevando nossa alma.

116

Renovação

Quando no peito a infeliz amargura,
proveniente de alheia incompreensão,
provoca-nos desânimo e aflição,
numa inquietação que nos enclausura,

adotemos elevada postura,
em pensamentos de renovação,
sem mais algemas da indignação,
cientes de que o Alto nos assegura

que, se voltearmos nosso olhar aos lados,
aguardam-nos pobres e rejeitados
por um ato fraterno que os eleve.

Um ato de amor nos trará o lenitivo
na lembrança de que Jesus foi incisivo:
(...) meu jugo é suave e meu fardo é leve.

117

A parte de cada um

O egoísmo, a prepotência e a ganância
são vícios, dentre todos os mais insanos,
que acarretam males tão desumanos,
uns aos outros, por íntima ignorância,

pois de nada valerá a exuberância
da posse de bens e poder mundanos
a se perderem pelos desenganos,
deixando a felicidade à distância.

Lembremos a responsabilidade
de bem praticar a fraternidade
somando-nos a outros servidores,

pois nosso exemplo de fé e de esperança,
os mais tenazes corações alcança,
tornando-os de Jesus seguidores.

118

Por Deus sou criatura

Sei que de Deus também sou criatura,
sei que perto de todos não sou nada,
sei que por nome nunca fui chamada,
sei não ser bela nem de alta feiura.

Se fico doente, é Deus quem me cura,
se com fome, alguém me dá na jornada,
se com frio, vale um canto da calçada,
se em perigo, uso minha bravura.

E, assim, vou vivendo sem companhia,
muitos me invejam essa tal regalia,
sem banhos, coleira, só liberdade.

Pensando bem, até chego a sonhar
que alguém me adote e me ofereça um lar,
mesmo vira-lata... por caridade...

119

Sonhar é preciso

Sonhos de realizações são saudáveis,
a nos traçar mais empenho na vida
em busca de uma meta pretendida,
desde que de objetivos louváveis.

Sonhos que nos pareçam impraticáveis,
nunca os tomemos como causa perdida,
mantenhamos nossa alma destemida,
com fé nos caminhos imensuráveis;

caminhos da Divina Providência,
quando o que sonhamos possui a essência
do amor verdadeiro ao semelhante.

E que em nosso almejo impere a bondade,
nessa jornada pela eternidade,
na qual cada passo é um sonhar triunfante.

120

Ser livre

Ser livre não é fazer só o que se almeja,
reflexão totalmente descabida,
pois necessário se faz nesta vida
atender aos ditames que ela enseja.

Necessidade de auxílios sobeja,
aguardando uma alma enternecida
que se liberte de si, comovida,
e estenda as mãos a um infeliz, e o proteja.

Ser livre é servir com pura alegria,
oferecer amor, paz e harmonia,
não sendo escravo da própria ilusão.

Ser livre não é só cumprir vãos anseios,
nem mesmo caprichosos devaneios,
ser livre é viver com bom coração.

IDE | Conhecimento e educação espírita

No ano de 1963, Francisco Cândido Xavier ofereceu a um grupo de voluntários o entusiasmo e a tarefa de fundarem um periódico para divulgação do Espiritismo. Nascia, então, o Instituto de Difusão Espírita - IDE, cujos nome e sigla foram também sugeridos por ele.

Assim, com a ajuda de muitas pessoas e da espiritualidade, o Instituto de Difusão Espírita se tornou uma entidade de utilidade pública, assistencial e sem fins lucrativos, fiel à sua finalidade de divulgar a Doutrina Espírita, por meio de livros, estudos e auxílio (material e espiritual).

Tendo como foco principal as obras básicas de Allan Kardec, a preços populares, a IDE Editora possui cerca de 300 títulos, muitos psicografados por Chico Xavier, divulgando-os em todo o Brasil e em várias partes do mundo.

Além da editora, o Instituto de Difusão Espírita também se desenvolveu em outras frentes de trabalho, tanto voltadas à assistência e promoção social, como o acolhimento de pessoas em situação de rua (albergue), alimentação às famílias em momento de vulnerabilidade social, quanto aos trabalhos de evangelização infantil, mocidade espírita, artes, cursos doutrinários e assistência espiritual.

Ao adquirir um livro da IDE Editora, além de conhecer a Doutrina Espírita e aplicá-la em seu desenvolvimento espiritual, o leitor também estará colaborando com a divulgação do Evangelho do Cristo e com os trabalhos assistenciais do Instituto de Difusão Espírita.

www.idelivraria.com.br